NOTES POUR SERVIR

A

L'HISTOIRE DE L'ART

EN VEXIN FRANÇAIS

OBJETS MOBILIERS ANCIENS DE L'ÉGLISE DE THÉMÉRICOURT
STATISTIQUE DES STATUES DE VIERGES EN PIERRE
DE L'ÉCOLE VEXINOISE

PAR

Léon PLANCOUARD

CORRESPONDANT DU MINISTÈRE POUR LES TRAVAUX HISTORIQUES
ET SCIENTIFIQUES
CORRESPONDANT DU COMITÉ DES SOCIÉTÉS DES BEAUX-ARTS
(SOUS-SECRÉTARIAT D'ÉTAT DES BEAUX-ARTS)
OFFICIER DE L'INSTRUCTION PUBLIQUE

PARIS
TYPOGRAPHIE PLON-NOURRIT ET Cie
8, RUE GARANCIÈRE — 6^e
—
1913

NOTES POUR SERVIR
A
L'HISTOIRE DE L'ART
EN VEXIN FRANÇAIS

Ce mémoire a été lu à la réunion des Sociétés des Beaux-Arts des départements, tenue dans l'hémicycle de l'École des Beaux-Arts, à Paris, le 15 mai 1913.

NOTES POUR SERVIR

A

L'HISTOIRE DE L'ART

EN VEXIN FRANÇAIS

OBJETS MOBILIERS ANCIENS DE L'ÉGLISE DE THÉMÉRICOURT
STATISTIQUE DES STATUES DE VIERGES EN PIERRE
DE L'ÉCOLE VEXINOISE

PAR

Léon **PLANCOUARD**

CORRESPONDANT DU MINISTÈRE POUR LES TRAVAUX HISTORIQUES
ET SCIENTIFIQUES
CORRESPONDANT DU COMITÉ DES SOCIÉTÉS DES BEAUX-ARTS
(SOUS-SECRÉTARIAT D'ÉTAT DES BEAUX-ARTS)
OFFICIER DE L'INSTRUCTION PUBLIQUE

PARIS
TYPOGRAPHIE PLON-NOURRIT ET Cie
RUE GARANCIÈRE — 6°

1913

NOTES

POUR SERVIR A L'HISTOIRE DE L'ART

EN VEXIN FRANÇAIS

OBJETS MOBILIERS ANCIENS DE L'ÉGLISE DE THÉMÉRICOURT
STATISTIQUE DES STATUES DE VIERGES EN PIERRE DE L'ÉCOLE VEXINOISE

> Au moyen âge, le génie humain
> n'a rien pensé d'important qu'il
> ne l'ait écrit en pierres
>   Victor Hugo.

Un petit village, fier de son passé historique et pittoresquement placé, dans un site plein de charme et de poésie : c'est Théméricourt [1], à l'ouest du canton de Marines, arrondissement de Pontoise. Il est arrosé par le ruisseau de le Dona, descendant d'Avernes, et l'Aubette, de Guiry, à laquelle aboutit un souterrain partant de l'église, dédiée à Notre-Dame. Cette église, bien orientée, édifiée dans la partie la plus élevée du village, est de belles dimensions : 24 m. 30 de longueur, 15 m. 50 de largeur. Elle dépendait autrefois du diocèse de Rouen, du doyenné de Meulan et faisait partie de l'archidiaconé du Vexin français.

Ce n'est pas sans raison qu'elle attire l'attention des archéologues, car elle renferme, parmi d'excellentes œuvres d'art, un autel qui mérite une mention particulière. C'est un des spécimens les plus intéressants qui nous soient restés, dans l'Ile-de-France, du mobilier des églises rurales de la période carolingienne.

---

[1] Théméricourt [bulle d'Alexandre III]. — Téricort au treizième siècle. Thémériacicurtis-Théricort-Théméricort, 1138. Téricourt et Théricourt. (Duplessis, *Description de la haute Normandie*, p. 788.)

En France, nous n'en connaissons qu'une douzaine à peine [1]. De Caumont, dans son *Abécédaire*, s'est borné à écrire : « Il existe en France un petit nombre d'autels antérieurs au neuvième siècle. » Celui de Théméricourt nous paraît avoir été installé, lors de l'érection de la paroisse, en 832 [2].

La Charte du 18 septembre 862, dont la teneur suit, nous engage à voir, dans cet autel, un monument du neuvième siècle :

« Au nom de la Sainte et indivisible Trinité, Charles (le Chauve) par la grâce de Dieu, Roi... Tout ce que nos prédécesseurs élevés par ordre de la divine Providence à la dignité royale, éclairés d'en haut et aussi poussés par des humbles avis et les preceptes de la Sainte Église et de ses fidèles, ont résolu de statuer pour l'utilité certaine des églises et des serviteurs et partageant leurs religieux sentiments, nous nous acquittons envers le Seigneur des mêmes pieux devoirs. »

La Charte cite :

« Nous leur confirmons aussi les villages nommés... et Théméricourt trois lieux qu'ils ont avec d'autres petites localités... Cormeilles, etc. »

Ce document concorde bien avec la date que nous assignons à l'autel ancien de l'église de Théméricourt, dont, déjà au neuvième siècle, la nomination à la cure appartenait à l'abbaye de Saint-Denis ; elle passa à Saint-Lô de Rouen, au siècle suivant.

Dès son origine, l'autel devait être [3], comme il est encore actuellement, adossé à la muraille de l'ancienne chapelle Saint-Nicolas, à gauche en entrant dans l'église, et dont il reste l'œuvre la plus importante. Aussi nous demanderons au Comité des Beaux-Arts d'en obtenir le classement.

Inutile de compulser les annalistes. Notre monument monolithe n'a pas, encore, été signalé.

Nous croyons donc utile d'en donner une description complète. Sa forme simple, cubique, est celle que l'on rencontre au neu-

---

[1] CAUMONT, « Abécédaire d'Archéologie. » *Arch. religieuses*, édition de 1886, p. 41.

[2] Abbé GAUTHIER, *Pouillé de Versailles*.

[3] Aveu du 26 novembre 1666, cité par Dom DUPLESSIS, dans sa *Description de la haute Normandie*, p. 788.

vième siècle ; il mesure 2 m. 20 de longueur, 1 m. 19 de hauteur totale et 0 m. 78, y compris la saillie.

Il est en pierre demi-tendre, tirée des carrières de Nucourt, à deux lieues de là ; il est posé sur trois pierres juxtaposées, dont le mortier est très apparent[1].

L'artisan n'a pas voulu se servir de la pierre que l'on extrait sur le territoire de Théméricourt, sans doute parce que celle-ci était trop chargée de coquillages. La pierre dure « la belle dure de Théméricourt », selon l'expression des maçons locaux, n'a été employée que pour la base d'un pilier treizième siècle[2], dans lequel on a creusé un curieux bénitier[3] d'un très réel intérêt. Le monument de l'église de Théméricourt présente une grosse gorge de 0 m. 08 de saillie. Il n'offre pas le symbolisme de ceux exhumés récemment dans le Midi de la France. La partie antérieure de la gorge qui règne tout autour est percée de trous symétriquement placés, ce qui reste probablement de l'inscription dédicatoire, inscription grattée au dix-septième siècle, par ordre du président Chevalier[4]. Les dessins, sans être très élégants, ne sont cependant pas trop grossiers, ni maladroitement tracés.

Ces détails, dans l'ornementation, sont ceux qu'on a coutume de voir aux huitième, neuvième et dixième siècles : contour des rosaces (peintes en couleurs très vives), marqué à l'acide de traits — profondément incisés, — tradition de simplicité, de logique et de goût qui se voient dans les roues ou croix encadrées des sarcophages carolingiens. C'est là une reproduction de croix nimbées qui distinguent généralement les autels contemporains de celui de Théméricourt; tout le dessin, que l'humidité a profondément altéré, est à la détrempe. Ce monument dix fois séculaire doit sa conservation à ce fait qu'il a été recouvert en entier d'une boiserie,

[1] La carrière des Anglais et la pierre de la carrière à Jean Ruelle, sur Théméricourt, ont fourni le perron du pont du chemin de fer du Nord à Anvers, mais elles renferment beaucoup de grès blancs, la carrière de Madame ne sert que pour les moellons.

[2] *Photogr. arch. de Seine-et-Oise*, par MARTIN-SABON, n° 4592 du catalogue 3, p: 35 du supplément (1897).

[3] Près de la porte latérale de la chapelle gauche; l'agrafe indique bien le treizième siècle.

[4] Voir, sur le *Président Chevalier*, « *A travers le vexin. Un archéologue vexinois du dix-huitième siècle, le Président de la Haute-Cour du Parlement*, Louis CHEVALIER. »

au dix-huitième siècle, par les soins du président Chevalier. Le cadre plat, limitant le champ, offre bien la manière des sculpteurs du neuvième siècle. En 1904, M. Paul Chevreux, inspecteur général des archives de France, nous écrivait que, dans les Vosges, de nombreux monuments similaires ont été exécutés, au trait, au douzième siècle. Comme celui de Théméricourt, avec lequel il n'est pas sans analogie, l'autel du Ham, conservé à la bibliothèque de Valognes, est une table de pierre d'un seul morceau, bordée d'une moulure saillante.

Les autels anciens ont, comme celui qui nous intéresse, un encadrement saillant; « c'est un caractère certain, écrivait de Caumont, des autels antérieurs au onzième siècle ». Ces autels ne sont pas répandus dans l'Ile-de-France.

Jusqu'au neuvième siècle, on ne plaçait rien sur les autels, mais ils recevaient déjà une consécration. Le vingt-sixième canon du Concile d'Epaône, tenu en 517, la quatrième année du pape Hormidas, ordonna de ne consacrer que des autels en pierre : *ut altaria nisi lapidea chrismatis unctione non sacrentur* [1].

---

[1] On sait que, du premier au troisième siècle, furent usités à Rome les autels en bois; un seul autel, en forme de tombeau, en pierre, provenant des catacombes, est de cette époque. Le quatrième siècle présente des autels cippes curieux. En Espagne, le cinquième siècle se distingue particulièrement par des autels d'origine païenne. Dans le Midi de la France, la Lozère, le Vaucluse, Marseille et l'Hérault donnent des monuments de type du sixième, le ciborum italien, lequel ne se retrouve pour la France que dans l'autel Saint-Victor de Marseille.

Neuf autels, dont cinq dans la France méridionale, sont des monuments des septième et huitième siècles. Pour le neuvième siècle, il suffira de citer les autels et ciborum de Milan, Ratisbonne [Saint-Emmeran], celui de Capestang, au musée de Béziers. Dans les dixième et onzième siècles, vingt autels, trois étrangers; l'Hérault en possède dix. En voici la liste pour la France :

Aires.	[Hérault.]	Rèdes.	[Hérault.]
Besançon.		Rodez.	[Aveyron.]
Corneilhan.	[Hérault.]	Sauvian.	[Hérault.]
Espandeilhan.	[*id.*]	Six-Fours.	[Var.]
Joucel.	[*id.*]	Vaison.	[Vaucluse.]
Maguelonne.	[*id.*]	Vienne.	[Vienne.]
Marseille.	[ancienne Major.]	Villemagne.	[Hérault], autel-bénitier.
Peilhan (prieuré de).	[Hérault.]		
Quarante.	[*id.*]		

On compte, pour le douzième siècle, vingt-sept autels, trois rétables, deux

ENVIRONS DE CLERY. — Autel de l'Église de Théméricourt

Il nous faut donner ici les dates de l'église de Théméricourt : onzième et douzième siècles ; les voûtes ont été, à diverses reprises, effondrées par les protestants, refaites à la Renaissance et réparées en 1836. L'édifice est engagé, d'un côté, par sa partie occidentale, dans le jardin du presbytère, ce qui fait que le portail principal, au lieu de se trouver dans l'axe du maitre-autel, est placé sur le côté gauche. L'autre côté s'enchevêtre dans les constructions du château ; le portail est inachevé. La base du clocher est de style roman : c'est l'un des seize clochers romans du Vexin français.

Nous devons ajouter ici, comme suite de l'exposé qui précède, que l'érudit qu'est M. le Bastier de Théméricourt, confirmant notre opinion personnelle, est également convaincu que l'autel est bien carolingien. En tout cas, nous n'en connaissons pas, en Seine-et-Oise, d'aussi ancien. Nous devons aussi rapporter l'opinion de M. Roger Rodière, l'épigraphiste distingué du Pas-de-Calais, laquelle est conforme à la nôtre.

Une église, dans le Boulonnais, possède un autel fin quatorzième siècle : c'est celle de Sapignies[1]. Fressin et Radinghen possèdent des autels anciens, mais que l'on ne peut assurément attribuer au moyen âge. Dans le Ponthieu, les autels ont des tables simples, sans ornement ; aucun n'est antérieur au quatorzième siècle.

Cette simple énumération documentaire, émise ici comme une évocation de l'art rétrospectif, ne prétend pas solutionner la question des autels primitifs, en France. Elle ne le sera vraisemblablement que lorsque le savant M. Camille Eulart aura achevé ses études sur les « autels ».

Puisque nous avons rapporté nos notes sur l'autel de Théméri-

ciborum, une table d'autel et un devant d'autel dont le type est représenté à Saint-Germer [Oise], à Pontorson [Manche], à Sainte-Marguerite, près Dieppe, et Carrères-Saint-Denis [Seine-et-Oise]. Pendant le moyen âge, de curieux monuments : des autels-sarcophages à Montverdun [Loire] ; Bourg-Saint-Andéol [Ardèche]; Saint-Trophyme d'Arles ; des autels-cuves, Sainte-Marie à Rome, ou des autels-tombeaux [Arles], se rattachent au même type que ceux conservés à Rome, à Sainte-Marie-Majeure, à Sainte-Cécile-du-Transtevère [Sainte-Marie en Cosmédin].

[1] ENLART, *Manuel d'archéologie française.* — DE LASTEYRIE, *l'Architecture religieuse.* — Dom LECLERCQ, *Dictionnaire d'architecture.* — VIOLLET-LEDUC, *Dictionnaire du Mobilier.*

*

court, passons, sans transition, à deux curieuses statues en pierre, représentant, l'une *saint Blaise* et l'autre *saint Lô*, le second patron de Théméricourt, statues d'évêques, revêtus de leur riche costume d'apparat. Elles sont placées sur les piliers, en face du maître-autel ; on peut leur assigner le commencement du seizième siècle, elles sont de facture bien vexinoise! La comparaison de ces statues nous donne beaucoup de raisons de croire qu'elles sont contemporaines. Leur auteur est inconnu ; mais une indication assez précise (la date de deux autres statues, dans l'église voisine, de Guiry, datées 1550 et signées Joye) nous autorise à penser qu'elles auraient été sculptées aux environs de 1500.

C'est ici le moment de faire une petite digression au sujet de leur date.

Elle nous paraît incontestable, car elle est fournie par le document le plus en mesure de la donner avec certitude : *la Généalogie de la famille de Théméricourt*, d'après les notes de Pihan de la Forest. L'artiste qui les a taillées est inconnu ; on sait que la statue de saint Blaise représente un ancêtre de la famille : Philippe de Théméricourt (d'argent à trois chevrons de gueule) ; l'autre reproduit les traits de P. d'Abos.

L'attribution de ces œuvres à un imagier vexinois, — d'une famille d'artistes déjà signalée, dans les réunions du Comité des Sociétés des Beaux-Arts : Joye[1], du premier tiers du seizième siècle — nous paraît vraisemblable. Le nom de cet artiste est peu connu ; il a laissé, il est vrai, sa signature sur la statue de saint Denis, de l'église Saint-Nicolas de Guiry. A tous les points de vue, notre pépinière d'artistes vexinois mérite d'être étudiée. Or, nous trouvons dans un manuscrit de la bibliothèque de Pontoise ce détail précis :

« Étant veuve, Anne de Théméricourt se remaria avec Paul Dabos, escuyer, avec lequel elle céda à Pierre de la Pause et à Catherine de Théméricourt leur perre commun, tous et tels droits qu'ils pouvaient prétendre à la succession de Philippe de Théméricourt, leur perre commun. »

Les charges étaient, d'après l'acte passé devant Lucas Maule-

---

[1] En 1912, le dernier descendant de cette famille : M. Édouard Joye, maçon, est décédé à Arthies.

vault et Barthélemy, notaires au Châtelet de Paris, le 5 juin 1482, d'acquitter « les dettes, frais funéraires et exécution des statues et du testament dudit Philippe de Théméricourt.[1] ».

Quoi qu'il en soit de notre supposition d'en attribuer l'exécution à Joye[2], ces statues méritent l'attention. Elles rentrent dans le type de celles qui sont sorties de cet atelier inconnu du Vexin, au seizième siècle, lequel a produit les statues de Guiry et celles, disparues depuis vingt ans, de Cléry. Elles sont, avec les Vierges, dont nous parlerons tout à l'heure, des sujets bien assortis, bien beaux ; la ressemblance est frappante avec les sujets qu'ils représentent. Les deux statues de Théméricourt ont le même port de tête, la même attitude, la même hauteur : 1 m. 30, le haut du corps est finement rendu.

Saint Blaise est revêtu d'une chape, dont les orfrois sont richement ornés et réunis par un large fermail.

Saint Lô, dont la figure est admirablement modelée, a la tête coiffée d'une mitre, très décorée d'ornements en relief, lesquels simulent une fine broderie garnie de pierres précieuses. Ces évêques sont gantés : de la main gauche ils tiennent une crosse se terminant, à l'extrémité supérieure, en volute, et de l'autre ils font un geste de bénédiction.

Ces deux statues devraient être comprises sur la liste de celles qui sont classées et qui constituent le mobilier historique de la France.

Il reste plus d'un objet à mettre en lumière dans l'église de Théméricourt, et la moisson en serait abondante si on en juge par ce qui suit :

Rétable dix-septième siècle, contemporain de celui de Montgeroult et donné à l'église de Théméricourt par le président Chevalier.

Litre, aux armes de Le Prestre.

Petite console, en bois sculpté, avec dessus en marbre (hauteur : 0 m. 85 ; largeur : 0 m. 65), dans la chapelle de la Vierge. Le tabernacle du maître-autel est décoré en plein bois : il présente un fronton de modillons et denticules ; au milieu sont sculptées de petites têtes d'anges.

---

[1] Mairie de Pontoise : Dossiers de Pihan de la Forest : Généalogie, 1728.

[2] Voir sur cet artiste : « *L'Ecce homo* de Cormeilles-en-Vexin » ; *Réunion des Sociétés des Beaux-Arts des départements.*

A l'intérieur de l'église de Théméricourt, le visiteur remarquera un tableau de *Saint Éloi*, peinture de l'École française Louis XIII (1 mètre de largeur sur 1 m. 50 de hauteur), elle est due au pinceau d'un imitateur d'Ambroise Thomas (1453-1514), elle porte déjà la marque de cette décadence de l'École française, amenée par la fondation d'une seconde école, formée par les artistes du Nord, qui, en passant par l'Italie, y ont, en quelque sorte, fait naturaliser leur art.

On peut comparer le feu figuré sur la toile de *Saint Éloi* de Théméricourt à celui de *Chariclée subissant l'épreuve du feu*, par Dubois, dans les aventures de *Thiagène et Chariclée*, quinze tableaux que cet artiste destinait à Marie de Médicis.

Saint Jean-Baptiste baptisant le Christ, peinture (0 m. 80 sur 0 m. 70) du dix-huitième siècle : deux anges entourent le Christ, pendant que d'autres le contemplent du haut du ciel. C'est une assez bonne copie de Carle Van Loo, le peintre au talent facile, brillant, qui, dans ses tableaux d'église et ses peintures allégoriques, est resté l'artiste de transition dans la période décadente du dix-huitième siècle.

Arrivera-t-on jamais à faire le classement, par artistes, des toiles qui nous restent encore de l'École française ?

Une *Assomption*, copie d'un tableau du Titien. La *Vierge, patronne de l'Église*, est représentée montant au ciel et soutenue par des anges, tandis que des apôtres, réunis autour de son tombeau, en retirent des roses, tout en la regardant s'élever dans les nues.

Cette copie a été commandée à l'instigation du président Chevalier, seigneur de Théméricourt, Boisy, etc., lequel a fait placer ses armoiries dans le coin de la toile. Le Titien est le premier coloriste et le chef de l'École vénitienne. Le président Chevalier, pour décorer son château de Montgeroult, près Théméricourt, a fait exécuter de nombreuses copies de ses toiles. Le Titien a eu le talent d'imiter les choses d'assez près, pour que l'illusion nous saisisse, et de transformer assez profondément la réalité, pour que le rêve s'éveille en nous. L'humidité a détérioré le vernis de la toile de l'église de Théméricourt. Si nous ajoutons une *Notre-Dame des Sept-Douleurs* (hauteur : 1 mètre et largeur : 2 mètres), peinture sur laquelle nous n'avons aucune observation à présenter,

BÉNITIER DE L'ÉGLISE DE THÉMÉRICOURT

nous aurons épuisé le chapitre « Peintures de l'église de Thémé-ricourt ».

A la droite du maitre-autel, dans une niche creusée dans la muraille, est placée la *Vierge à la Marguerite*, de grandeur presque naturelle, de facture élégante; elle rentre dans le type des Vierges du treizième siècle. Cette statue, en pierre, offre une figure d'un faible relief, mais d'une vie intense et rieuse ; la pose et la gorge très intéressantes sont bien caractéristiques de l'époque. La Vierge devait tenir une marguerite, que regardait l'enfant Jésus. Cette statue est un don de Marguerite de Provence, fait en sa qualité de dame suzeraine de Théméricourt ; les églises vexinoises, dont Marguerite de Provence était dame de Terres, ont possédé la même statue.

La question du classement des Vierges vexinoises, à défaut « d'ateliers » ou du moins « d'artistes » connus, peut se faire d'après les types classés récemment dans le mobilier historique.

A) Vierges à figure vulgaire et à l'enfant Jésus à tête de vieillard ;

B) Type à manteau très large ;

C) Type ramassé à manteau épais.

Fin onzième siècle. Vierges tenant à deux mains l'enfant, droit devant elles. Jésus tenant l'évangile de la main gauche et bénissant de l'autre.

Douzième siècle. Vierge tenant Jésus d'une main et de l'autre une rose.

La forme des vêtements est déjà plus recherchée.

Fin du douzième siècle. Vierges assises, la plupart en bois. Jésus sur le genou gauche.

Treizième siècle. Vierges en pierre ornant le trumeau, type imité de l'École d'Amiens; celle de Cléry a servi de modèle à Jambville, Verneuil, Jouy. Le treizième siècle est la fin des types en bois de Vierge assise et de Vierge ouvrante, dont le Vexin n'a donné que deux spécimens : Saint-Ouen-l'Aumône et Cléry-en-Vexin.

Nous n'entreprendrons pas ici leur description, ce serait long et fastidieux. La composition varie peu, du reste, avec le plus ou moins de valeur de l'œuvre.

D'après classification, nous pouvons énumérer, dans l'ordre suivant, les Vierges du département de Seine-et-Oise présentent un certain caractère archéologique.

§ I. — *Vierges à figure vulgaire et l'enfant Jésus à tête de vieillard.*

Douzième siècle. Carrières Saint-Denis.
Jouy-en-Josas.
Treizième siècle. Limay.
Gassicourt (figure de Vierge assise moins vulgaire, enfant très vieillot).
Longpont.
Saint-Ouen-l'Aumone (figure de Vierge présentant un certain intérêt).
Quatorzième siècle. Montainville.
Seizième siècle. Guiry (expressions vulgaires. Classement incertain).

§ II. — *Type à manteau très large.*

Quatorzième siècle. Pontoise. ⎫ (Manteau assez ample. Belles
Magny-en-Vexin. ⎬ figures.)
Théméricourt.
Jouy-le-Moutier (classement douteux).
Santenay (manteau large et épais. Bonnes proportions).
Quinzième siècle. Courcelles-sur-Viosne.
Lévy-Saint-Nom.
Taverny.
Les Alluets.
Mézières-sur-Seine.
Commencement du seizième siècle :
Herbeville.
Vétheuil.

§ III. — *Type ramassé à manteau épais.*

Quatorzième siècle. Lévy-Saint-Nom.
Pontoise (Saint-Maclou), Vierge un peu ramassée, manquant de proportion.

Prunay-sur-Essonne *(id.)*.
Bréançon, dans le bas du côté sud, fin quatorzième siècle.
Jambville (manteau moins épais).
Gouzangrez (dans l'église, figure vulgaire).
Montgeroult.
Palaiseau (Vierge manquant un peu de proportions, manteau ample).
Verneuil-sur-Seine.
Ableiges.
Montigny-les-Cormeilles.
Longuesse.
Vétheuil.

Types ne semblant rentrer dans aucune des catégories précédemment indiquées.

Treizième siècle. Mafliers. } (Figures intéressantes. Proportions agréables.)
Taverny.
Pontoise.

Quatorzième siècle. Saint-Gervais. } (Proportions agréables, quoique la statue soit un peu petite. Manteau peu ample. Expression un peu âgée de l'enfant Jésus.)
Villeneuve-en-Chevrie.

Grisy-les-Plâtres (classement incertain).
Forges-les-Bains.
Eragny. (Belle figure. Le tout un peu ramassé.)
Champagne. } (Manteau tombant.)
Limay.
Fosses.
Gargenville. (Figure mutilée, mais qui a dû être intéressante.)
Quinzième siècle. Marcoussis.
Poissy.
Seizième siècle. Wy. } (Enfant Jésus à figure vulgaire.)
Guiry.
Nous n'oublions pas d'ajouter que les voûtes de la nef de Théméricourt ont été reconstruites, au seizième siècle, en pierre de

Guiry, elles sont placées beaucoup plus bas que le lambris primitif. Par suite de cette disposition, les hautes murailles ont conservé, comme à Arthies, leurs baies anciennes dans les combles, où nous trouvons une antique décoration polychromée, véritable fresque à la détrempe qui nous paraît de nature à intéresser le Congrès.

C'est le *Pantocrator*, avec la haute figure, grandeur nature, du Christ triomphant ou bénissant, peint par un disciple de ces artistes bizantins qui en plaçaient presque toujours dans les coupoles et les absides de leurs églises.

A en juger dans son ensemble, la scène est supérieurement traitée, avec souci de l'esthétique, de l'ampleur et de l'harmonie générale. On y trouve, pour un artiste rural inconnu, une merveilleuse sûreté de main, un style qui égale les meilleurs. Le Christ, dont la tête est nimbée d'un cercle crucifère de 0 m. 25, est assis sur un trône; il donne, de la main droite, la bénédiction à la manière latine; la main gauche semble supporter le globe céleste. Il est revêtu d'une longue robe rouge, que recouvre, vers le milieu, un manteau peint en jaune. Le rouge brun, le vert et le jaune forment, à eux seuls, l'harmonie colorée de la composition, système occidental décrit au onzième siècle par le moine Théophile [1]. L'encadrement ovale a une bordure de 0 m. 09, une hauteur de 0 m. 78 et une largeur de 0 m. 80. Dans le quatribole qui entoure la figure étaient représentés les *Quatre évangélistes;* celui de gauche, que le défaut de particularité nous empêche de personnifier, a été traité de façon parfaite. Les évangélistes sont placés à une distance de 0 m. 04 de leur encadrement.

La surface des parois latérales est décorée de joints figurés en brun rouge, des panneaux rompent cette décoration, où la trace des figures est de plus en plus effacée, par suite de diverses réparations à la toiture.

Hauteur, 2 mètres.

Largeur, 4 m. 75.

De quelle époque date cette peinture murale?... Nous en supposons l'exécution au premier quart du treizième siècle, car les

---

[1] Sur ce moine, voir : 1° *Dict. d'archéol. sacrée.* t. II, col. 961; 2° *Eph Campan. de Jos. Berthele*, fasc. 1, p. 8, sur la réédition *Diversarum artium Shedula*.

CLOCHER DE L'ÉGLISE DE THÉMÉRICOURT

lignes sont moins enchevêtrées que celles qu'on retrouve dans les peintures murales de l'Ile-de-France et de la Normandie au onzième siècle. Nous avons essayé de la photographier, mais sans résultat, nous le regrettons. Nous ne passerons pas sous silence la *pierre tombale*, quatorzième siècle, de la famille du Mesnil et une autre de la famille d'Abos, très curieusement décorées.

Bien qu'il n'entre pas dans le cadre de cette étude de sortir du sujet fixé : l'église de Théméricourt, nous croyons devoir indiquer, en quelques lignes, ce que le château, par ses souvenirs de famille, présente d'intérêt au point de vue de l'art. L'église de Théméricourt dresse fièrement la sveltesse de sa petite flèche dans le pittoresque arroi des toits du château, pressés contre ses flancs.

De 1217 à 1455, les d'Artie[1], les de Théméricourt établirent leur demeure à Théméricourt. Le domaine appartint ensuite aux d'Abos, famille célèbre en Vexin. Le château de Théméricourt est l'une des plus grandes et des plus anciennes demeures seigneuriales de l'Ile-de-France. La tourelle du milieu, élevée dans la cour d'honneur, et la construction très ancienne avoisinant le bandeau simple qui court tout autour, indiquent l'époque de Charles VII. Quelques baies et bestioles ont été sculptées sur l'entablement ; en 1840 on ajouta une aile moderne masquant une tourelle intéressante.

Nous signalerons, dans les galeries du château, les œuvres suivantes :

Dans un cadre merveilleusement adapté : *Mort de Mme Acarie,* apparentée aux de Théméricourt ; le sujet est bien composé et l'artiste l'a traité avec une délicatesse exquise.

Le *Portrait du bibliophile Chassenet,* de couleur sobre, est à signaler, ainsi qu'une toile représentant un membre de la famille provençale d'*Airaigues*.

Une page maîtresse : *Tableau de Mlle Le Prestre,* qui, d'après les mémoires de la famille, fut étouffée dans la foule, lors du mariage de Louis XVI.

Ligueuse, bon tableau de famille, fin visage, théâtral, héroïque, de cette société raffinée de l'époque.

---

[1] Voir *Description et histoire des châteaux d'Artie-la-Ville*, p. 13, Toulouse, 1898.

L'Inoculation, superbe de couleur, de vie, de mouvement, d'une simplicité vivante d'un élève de Nattier, attribué à tort, selon nous, au maître; il rappelle plutôt la façon sincère de Louis Tocque. Nous estimons que cette toile pourrait être signée de lui. Deux tableaux du château de Théméricourt sont attribués à Nattier, le peintre des femmes du dix-septième siècle, dont l'art, simple et harmonieux, est trop souvent superficiel ; ils représentent des membres de la famille d'Abos.

Ne négligeons pas *Le Prestre de la Généralité de Caen,* toile offrant de l'intérêt par sa composition : elle est de l'école de David et signée d'un des élèves préférés du grand chef de l'école néo-antique, Germain Drouais. Ce peintre était toujours prêt à suivre la pensée du maître intelligent et libéral, mais très autoritaire et inexorablement rigide dans ses principes qu'était David. Cette toile avait sa place tout indiquée à la récente et grande manifestation d'art français de Louis David et son école, en 1913.

Saint Jacques de Compostelle, belle statue en pierre polychrome.

Pendule de salon signée :

    Dowille
    Pontoise
    (1766)

Très curieuse *plaque de cuivre,* tombe du chanoine Thibaut le Bastier, inhumé en 1524, dans la cathédrale de Beauvais.

Nous avouons notre incompétence — tout en les admirant beaucoup — sur de magnifiques produits des *Arts secondaires ou industriels,* des tapisseries. Nous laissons donc aux artistes spéciaux le soin de les apprécier. Trois tapisseries *à la Marche,* intéressantes, sont fixées dans l'escalier d'honneur : 1° à droite *Combat sur mer;* 2° au milieu *Scène de chasteté;* 3° à gauche *Combat sur terre.*

Très décoratives, elles forment ensemble une superficie de quarante mètres carrés. Le premier détail qui attire l'attention est le beau fond bleu vif de ces tapisseries, suffisant, à lui seul, pour faire remonter leur origine à l'atelier parisien installé par Henri II dans l'hôpital de la Charité. L'encadrement classique de cette fabrique confirme d'ailleurs cette supposition. Serait-elle trop risquée? Partant, nous ne croyons pas que la capitale de l'Artois,

CROIX DE L'ORMITEAU MARIE

(Église de Théméricourt.)

où l'industrie textile a été si florissante, puisse revendiquer ces œuvres d'art. Les Flamands, cela est de notoriété, ont toujours repoussé dans leurs tapisseries les décorations ternes et blafardes pour adopter les tons vigoureux, les éclatants reflets du ciel d'Orient. Cependant on pourrait invoquer, comme rappelant à Théméricourt le style traditionnel de la tapisserie en Artois, la *Scène de chasteté*, dans laquelle une vieille femme se présente à un vainqueur afin d'obtenir la grâce d'une jeune fille. Notre documentation n'est donc pas suffisante pour préciser l'origine de ces curieuses tapisseries. Ces tapisseries ont été possédées : 1° par Louis-Félix de Mornay, seigneur d'Ambleville, lequel acquit en 1690 la terre de Théméricourt, 2° par les neveux de saint François de Paul ; François de Mornay, seigneur d'Ambleville par sa femme Marguerite de Herville, était seigneur de Théméricourt pour moitié. Les tapisseries ont été faites pour perpétuer le souvenir de Gabriel d'Abos [1] de Malte, « décapité en 1672 à Constantinople pour n'avoir pas voulu observer la religion ». Il était le fils du premier mariage d'un Mornay-Coqueray, tué dans un combat naval. Continuons nos recherches historiques en sondant le passé. Le chartrier de Théméricourt mentionne « des réparations insignifiantes, faites à l'eau courante dans l'atelier « de Feltin [2] », à la tapisserie dite de la Chasteté. Feltin est l'antique industrie, l'un des fleurons de la couronne artistique de la France. Deux autres panneaux, aujourd'hui disparus, complétaient ces tapisseries : nous ne nous étonnerons pas de leur disparition lorsque nous rappellerons que, jusqu'en 1840, une tante du propriétaire actuel du château de Théméricourt se servait de ces tapisseries pour couvrir sa récolte d'oignons.

Pour terminer notre étude sur Théméricourt, n'oublions pas de dire que le presbytère est meublé de deux ouvrages intéressants :
1° Volets Henri IV à moulures plates ;
2° Grille en fer forgé, style Louis XV.

Avant de clore cette liste, nous ne pouvons passer sous silence la curieuse *Croix de l'Ormiteau Marie*, autrefois sur le chemin de Rouen.

[1] Son portrait, accompagné d'armoiries, est placé dans le vestibule du château.
Lire : Feltin, atelier dans la Haute-Marche ; comptes du chartrier de Théméricourt.

Cette noble relique du passé est placée contre le mur de l'église. Son style est certainement celui du Vexin français.

Sans en faire une description complète, on nous permettra de dire que c'est un prototype de la fin de l'école vexinoise. En effet, les *croix non moulurées* ne se rencontrent que dans l'Ile-de-France.

Au-dessus d'Abheville et en Vimeu, au delà de la rivière de la Somme, on les a imitées, particulièrement dans les cantons de Moyenneville, Hallencourt et Saint-Valery-sur-Somme.

Il faut y rapporter, pour la région qui nous occupe, la *Croisette*, entre Cléry et Guiry, la Croix de Charmont, près Magny-en-Vexin, et celle d'Omerville, exemplaire placé sur dolmen.

Le quatorzième siècle en présente une très remarquable à Saint-Cyr-en-Arthies, forme qu'on rencontre encore à Rueil-Seraincourt, limite des doyennés de Magny et Meulan.

*
* *

En terminant cette étude, nous devons adresser un merci à M. Le Bastier de Théméricourt, qui, avec son accueil plein de courtoisie, nous a fait visiter, en octobre dernier, ses collections, ses tableaux, ses belles tapisseries, sa superbe bibliothèque où l'on rencontre de nombreux autographes, aussi curieux que rares.

Dans cette visite, qui nous a semblé trop rapide à notre gré, nous avons vécu réellement avec les siècles disparus; car, que de souvenirs, les uns douloureux et tragiques, les autres rappelant un fait historique ou une idylle poétique, sont évoqués de la poussière de ces archives d'une vieille famille, l'une des plus nobles du Vexin et du Beauvaisis.

Aussi ce cortège de pieux souvenirs nous revient souvent à la mémoire et nous invite, d'une manière pressante, à retourner dans cette intéressante localité, afin d'y faire une étude plus complète sur l'église et peut-être aussi sur le château. Ce sera, nous l'espérons, l'objet d'une communication ultérieure aux congrès des Sociétés des Beaux-Arts, et nous pensons qu'elle intéressera ceux qui ont encore le souci et le culte du passé.

Cléry-en-Vexin, 8 janvier 1913.

LA CROISETTE

PARIS
TYPOGRAPHIE PLON-NOURRIT ET Cie
8, rue Garancière

www.ingramcontent.com/pod-product-compliance
Lightning Source LLC
Chambersburg PA
CBHW070544080426
42453CB00029B/1942